Cuentos de hadas clásicos con un giro

# La bella y la bestia

Escrito por Shannon Anderson

Ilustrado por Gal Weizman

Traducción de Pablo de la Vega

Un Libro de la Sirena

SEAHORSE PUBLISHING

**H**abía una vez una niña hermosa llama Bella. Su padre, Maurice, era un desarrollador de videojuegos. A Bella le gustaba ayudarlo cuando creaba los videojuegos. Todos en el pueblo la conocían como la chica de los videojuegos. Todos sus videojuegos incluían lindos animalitos.

Mientras tanto, en un castillo en el bosque vivía una bestia peluda. No siempre había sido una bestia peluda. Hasta hacía un año había sido un apuesto joven.

En el castillo se escuchó que alguien tocaba la puerta. Cuando el joven la abrió, el visitante intentó venderle una aspiradora.

—No necesito una aspiradora —dijo el joven—. Tengo un sirviente que se encarga de limpiar todo. No te quiero volver a ver.

Al visitante le molestó el comportamiento del joven y lo convirtió en una bestia peluda.

—Algún día, cuando aprendas a ser más amable con quienes te visitan, volverás a ser un joven —dijo el visitante—. El hechizo se romperá cuando alguien que haya venido a visitarte se enamore de ti y te dé un beso.

Un día, el papá de Bella trabajaba en un emocionante juego nuevo: Pimpón Puerquito. Otro hombre en el mismo pueblo, Gastón, también desarrollaba videojuegos. Sus juegos eran sobre cazar animales. Esto hacía que Bella estuviera triste. No podía siquiera imaginar que fuera capaz de lastimar a un animal.

A Gastón le gustaba Bella. Cada semana llegaba a casa de ella con flores y le preguntaba si podía invitarla a salir. Bella no tenía el menor interés en hacerlo.

Cuando Pimpón Puerquito estuvo listo, Maurice y Bella recorrieron todo el pueblo mostrando el juego a sus habitantes.

La última parada de Bella era el castillo. Cuando la bestia abrió la puerta, la hermosura de Bella lo hizo perder el aliento.

Bella también perdió el aliento al ver a la bestia. Pero, como amaba a los animales, no le tuvo miedo. Quiso saber más acerca de quién era él.

La bestia la invitó a pasar, y comenzaron a hablar.

Cuando Bella le dijo que ayudaba a su papá a desarrollar un videojuego, él le contó acerca del último piso del castillo: ¡era una sala de juegos inmensa!

A Bella le emocionó mucho la idea de ver tantos videojuegos. ¡La bestia tenía muchos de los videojuegos que su papá y ella habían desarrollado juntos! Fútbol Ardilla, Escondidas de Hipopótamo e incluso los Juegos Olímpicos del Pulpo.

Jugaron videojuegos juntos durante horas.

Cuando Maurice regresó a casa y vio que Bella no estaba, se preocupó. Se hacía tarde. Gastón fue a visitarla, como normalmente hacía.

Maurice le dijo a Gastón que no sabía dónde estaba Bella y que eso lo preocupaba. Le dijo a Gastón que si la encontraba y la traía de vuelta, sana y salva, lo invitaría a cenar con Bella y él. Sería casi como una cita.

A Gastón le gustó la posibilidad de cenar con Bella. Se fue veloz a buscar a sus amigos.

Buscaron por todo el pueblo y tocaron en todas las puertas, preguntando si alguien la había visto.

Por supuesto, mucha gente la había visto ese día mostrando el nuevo videojuego.

Cuando Gastón llegó al castillo, la bestia y Bella abrieron la puerta juntos. Gastón trató de tirar de Bella para sacarla del castillo y llevarla consigo. A ella eso no le gustó, y la bestia pudo notar que estaba molesta.

La bestia llamó a sus perros guardianes. Sus minúsculos y feroces chihuahuas alejaron a Gastón.

Bella estaba tan agradecida por la ayuda que le había dado la bestia, que le prometió regresar todos los días para jugar videojuegos con él. La bestia y Bella estaban emocionados porque pasarían tiempo juntos. Se hicieron muy buenos amigos.

Una noche, después de un intenso juego de Tango Tortuga, la bestia le dijo a Bella que estaba enamorado de ella. Bella también lo estaba. Se acercó a él y le dio un beso en la mejilla.

De pronto, la bestia comenzó a temblar. Su pelaje comenzó a caer. Bella no entendía qué estaba sucediendo.

En pocos minutos, la bestia había dejado de ser una bestia. Era un joven apuesto. Bella estaba sorprendida y maravillada.

Bella y el joven se casaron y vivieron felices en el castillo para siempre. Incluso desarrollaron un nuevo videojuego llamado Damas Chihuahueñas.

Escrito por Shannon Anderson
Traducción de Pablo de la Vega
Ilustrado por Gal Weizman
Diseño de Under the Oaks Media
Desarrollo de la serie de James Earley
Editora Erica Ellis

**Library of Congress PCN Data**
La bella y la bestia (Beauty and the Beast) / Shannon Anderson
Cuentos de hadas clásicos con un giro
ISBN 979-8-8904-2574-4(hard cover)
ISBN 979-8-8904-2848-6(paperback)
ISBN 979-8-8904-2872-1(EPUB)
ISBN 979-8-8904-2860-8(eBook)
Library of Congress Control Number: 2024933142

Printed in Canada/012025/CP20250101

**Seahorse Publishing Company**
www.seahorsepub.com



**Published in the United States**
**Seahorse Publishing**
PO Box 771325
Coral Springs, FL 33077

SEAHORSE
PUBLISHING